Vida de Bailey

Una Historia de Vida Real:

Bailey Aprende A Navegar

Sensei Paul David

Página De Derechos De Autor

Vida de Bailey: Una Historia de Vida Real –
Bailey Aprende A Navegar

by Sensei Paul David,

Copyright © 2023

All rights reserved

978-1-77848-353-0 LoB_Spanish_Amazon_PaperbackBook_BaileyLearnsToSail

978-1-77848-352-3 LoB_Spanish_Amazon_eBook_BaileyLearnsToSail

Este libro no está autorizado para su distribución y copia gratuita.

www.senseipublishing.com

@senseipublishing
#senseipublishing

¡Obtenga nuestros libros GRATIS ahora!

lifeofbailey.com

kidsonearth.world

Haga clic a continuación o busque en Amazon otro libro de cada serie o visite:

www.amazon.com/author/senseipauldavid

Únete a nuestro viaje editorial!

Si desea recibir LIBROS GRATIS FUTUROS,Y conocernos mejor,Por favor, haga clic en el enlace www.senseipublishing.com Y únete a nuestro boletín ingresando tu dirección de correo electrónico en la caja emergente.

Sigue nuestro blog: senseipauldavid.ca

Sigue/Me gusta/Suscribirse: Facebook, Instagram, YouTube: @senseipublishing

Escanee el código QR con su teléfono o tableta
para seguirnos en las redes sociales: Me gusta / Suscríbete / Síguenos

Ahora que el entrenamiento de perro de servicio de Bailey había terminado, el papá quería empezar a llevar a Bailey a aventuras para hacer cosas emocionantes que otros perros no experimentan a menudo. Así que, el papá y la mamá llevaron a Bailey a su club de vela por primera vez. En el camino, Bailey.

Cuando Bailey llegó al club de vela, había muchos nuevos olores para oler y nuevas personas para conocer. Papá dejó que Bailey explorara el club de vela. Bailey notó mucha gente feliz asegurándose de que sus barcos estuvieran listos para navegar en el agua.

2

Bailey corrió hacia el ancho muelle de madera desde donde salen los botes a vela, pero estaba demasiado asustada para caminar por el muelle sin que papá la guiara.

Así que Bailey siguió explorando en la tierra. Notó algunos animales que nunca había visto antes. Primero, vio a un conejo saltando cerca de la pequeña playa y luego notó una marmota al lado del club de campo.

6

Papá llevó a Bailey a mirar por los clubes de vela cercanos y conocer a sus amigos en el camino. Mucha gente se detuvo para saludar y darle mimos a Bailey. A Bailey le encantaba que le acariciaran y siempre estaba feliz de conocer gente nueva.

Después de la visita, Papá llevó a Bailey de vuelta al muelle de madera. En el muelle, Mamá miraba y sonreía mientras Papá saltaba al agua para nadar, pero Bailey no lo siguió. Papá se sorprendió al ver que Bailey parecía tener miedo de acercarse al agua abierta

10

Más tarde esa noche en casa, Papá estaba alimentando a Bailey con su cena en la cocina. Mientras Bailey comía, Papá pensó para sí mismo que debería intentar enseñar a Bailey cuidadosamente cómo navegar en un barco con Papá y Mamá como familia. Así que, Papá decidió enseñarle

12

A la mañana siguiente temprano, Papá llevó a Bailey al club de vela otra vez. El sol estaba saliendo y no había nadie más allí. Papá caminó hacia el muelle y llamó a Bailey para que se uniera a él. Bailey todavía estaba demasiado asustado para seguirlo. Entonces

14

Luego, papá le mostró a Bailey por primera vez qué aspecto tenía una canoa, colocando los bocadillos favoritos de Bailey alrededor de la canoa en la playa. Bailey estaba feliz de comer los bocadillos mientras miraba la gran canoa.

Una vez que Bailey se sintió más cómodo, el papá se sentó en el canoa en la playa y llamó a Bailey para que se uniera a él. El papá mostró las golosinas a Bailey y pronto, Bailey con cuidado saltó por el borde del canoa para unirse al papá.

18

Una vez que Bailey se sintió más cómodo, el papá se sentó en el canoa en la playa y llamó a Bailey para que se uniera a él. El papá mostró las golosinas a Bailey y pronto, Bailey con cuidado saltó por el borde del canoa para unirse al papá.

20

Al día siguiente, Papá llevó a Bailey de vuelta al muelle y le puso un chaleco salvavidas colorido especial. Papá se sentó en el canoa flotando en el agua e invitó a Bailey a unirse a él de nuevo. Esta vez, Papá trajo un gran hueso sabroso con él y Bailey no pudo ignor

Pronto Bailey estaba haciendo tan bien para entrar y salir del canoa que el papá intentó pedirle a Bailey que se subiera a una kayak con él. La kayak era un poco más difícil de equilibrar en el agua al lado del muelle. Bailey notó que la kayak era mucho más pequeña y más difícil de equilibr

24

Esta vez, Papá se sentó en el muelle arrojando pequeños
pedazos de golosinas para perros en el canoa mientras Bailey
miraba. Pronto, Bailey estaba tan hambriento que no pudo
ignorar las golosinas y saltó al Canoa sin Papá. Bailey pronto
se dio cuenta de que podía subir al canoa por sí mismo,.

La próxima vez que fueron al club de vela, el papá le pidió a Bailey que se uniera a él en el Canoa de nuevo. Bailey recordó que podía saltar a la canoa por su cuenta y estaba feliz de unirse al papá en la canoa flotante en el muelle. Esta vez, el papá empujó lenta y

Papá quería enseñarle a Bailey a navegar con él en el agua abierta. Papá esperó unos días antes de dejar que Bailey se sentara tranquilamente en el canoa de nuevo. Bailey quería hacer feliz a Papá, pero Papá sabía que el momento adecuado llegaría pronto. Así que, a la ma

30

Papá quería celebrar el nuevo valor de Bailey regalándole un regalo. Para recompensar a Bailey por su arduo trabajo, Papá llevó a Bailey y a Mamá a ver el circo de perros. Bailey estaba interesado en ver a los diferentes perros haciendo increíbles trucos. Algunos perros saltaban a través de

ice Dog
CIR
32

Después de que el espectáculo del circo terminó, Bailey tuvo la oportunidad de conocer a uno de los perros del circo y uno de los entrenadores de perros del circo le mostró a Daddy cómo enseñarle a Bailey a atrapar un gran frisbee redondo..

CIRCUS
34

Papá pensó que sería una buena idea tomar un descanso del club de vela y enseñarle a Bailey cómo atrapar un frisbee. La tarde siguiente en el parque, Papá comenzó a jugar tira y afloja con Bailey usando el frisbee. ¡A Bailey le encantaba tirar del frisbee con sus dientes!

Bailey aprendió muy rápido cómo jugar a la guerra de tirones, así que entonces papá empezó a rodar el frisbee por el césped para que Bailey lo persiguiera.

Pronto, Bailey estaba listo para el siguiente paso. Papá calmadamente lanzó el frisbee y Bailey trató de atraparlo, pero lo perdió. Tanto Papá como Bailey estaban felices de intentarlo una y otra vez...

Y otra vez y otra vez hasta que... ¡Bailey atrapó el frisbee en el aire, justo como el perro del circo! Bailey estaba tan feliz de ver a papá tan emocionado. ¡Papá pensó que era hora de volver al club de vela y volver a navegar con Bailey!

42

Papá llevó a Bailey de vuelta al club de vela. Papá le mostró a Bailey un gran catamarán sentado en tierra entrando dentro del barco y pidiéndole a Bailey que se uniera a él. Bailey saltó al lado del barco de inmediato..

44

Al igual que la práctica con el Canoa, Papá puso el chaleco salvavidas de Bailey y empujó el Catamarán al agua y se sentó dentro de la embarcación. Bailey estaba nervioso al principio, pero lentamente se bajó del muelle y entró al Catamarán para unirse a Papá..

Una vez que Bailey y el papá estaban ambos en el catamarán,
el papá esperó a que Bailey se relajara. Era un día muy
tranquilo y soleado, y el papá desató el catamarán del muelle
y lo empujó suavemente lejos de él.

48

Papá y Bailey finalmente estaban navegando! Pero después de unos minutos, Bailey empezó a llorar y se acurrucó en el regazo de papá. Papá supo que era hora de volver al muelle porque Bailey estaba demasiado asustada.

En el club de vela, Bailey saltó del catamarán al muelle y sacudió su brillante abrigo. Papá supo que Bailey había tenido suficiente emoción para un día y dijo: "¡gran trabajo Bailey, eres un buen chico!"

52

En el club de vela, Bailey saltó del catamarán y al muelle y sacudió su brillante abrigo. Papá sabía que Bailey había tenido suficiente emoción para un día y dijo: "¡Gran trabajo Bailey, eres un buen chico!"ía tenido suficiente emoción para un día y dijo: "¡gran trabajo Bailey, eres un buen chico!".

Service Dog
Certificate to
Bailey

Por la mañana, Papá, Mamá y Bailey salieron a pasear juntos. Papá le preguntó a Mamá si se uniría a Bailey y a Papá en el Catamarán ese día. Mamá estaba muy feliz y dijo "¡sí!"

ICE CREAM
TELEPHONE
FRUIT
SALE
SALE
SALE

Más tarde esa tarde en el muelle, Papá preparó el catamarán para navegar y esta vez Mamá, Papá y Bailey se sentaron en el catamarán juntos como familia. Papá empujó suavemente desde el muelle y Bailey se sintió más relajado navegando con Mamá y Papá juntos..

Bailey estaba emocionado de ver mucha actividad en el club de vela cuando la gente lo vio en el Catamarán. Había muchos otros veleros y lanchas de diferentes colores y tamaños, personas nadando cerca de la playa, windsurfers, kite surfers, niños jugando en la arena y personas saludando a Bailey des

Papá y Mamá estaban tan orgullosos de Bailey y sabían que Bailey nunca olvidaría su primer navegación con su familia..

¿Sería esto el fin de las aventuras de Bailey?
El Fin

Usa esta imagen para colorear a Bailey

como quieras y comparte con nosotros

en Facebook Instagram o nuestro Blog.

SENSEI PUBLISHING
4
It's A Great Day To Be Alive!
www.senseipauldavid.ca
@senseipublishing

Gracias por leer este libro!

Si encontraste este libro útil, estaría agradecido si publicaras una reseña honesta en Amazon para que este libro pueda llegar y ayudar a otras personas.

Todo lo que necesitas hacer es visitar amazon.com/author/senseipauldavid Haga clic en la portada correcta del libro y haga clic en el enlace azul junto a las estrellas amarillas que dice "reseñas de clientes"

Como siempre...

Es un gran día para estar vivo!

¡Obtenga/comparta nuestros libros GRATIS sobre salud mental para todas las edades ahora!

lifeofbailey.com

kidsonearth.world

Haga clic a continuación o busque en Amazon otro libro de cada serie o visite:

www.amazon.com/author/senseipauldavid

Únete a nuestro viaje editorial!

Si desea recibir LIBROS GRATIS, ofertas especiales, visite por favor.

www.senseipublishing.com Y únete a nuestro boletín ingresando tu dirección de correo electrónico en la caja emergente

Sigue nuestro atractivo blog AHORA!

senseipauldavid.ca

Consigue nuestros libros GRATIS hoy!

Haz clic y comparte los enlaces a continuación

Libros gratis para niños

lifeofbailey.com

kidsonearth.world

Libro de auto-desarrollo GRATIS

senseiselfdevelopment.senseipublishing.com

BONO GRATIS!!!

Experimenta más de 25 meditaciones guiadas gratuitas y entretenidas!

Habilidades y prácticas preciadas para adultos y niños. Ayuda a restaurar el sueño profundo, reducir el estrés, mejorar la postura, navegar la incertidumbre y más.

Descargue la aplicación gratuita Insight Timer y haga clic en el enlace a continuación:

http://insig.ht/sensei_paul

Si te gustan estas meditaciones y quieres profundizar, envíame un correo electrónico para una sesión de coaching en vivo GRATIS de 30 minutos:

senseipauldavid@senseipublishing.com

Acerca de Sensei Publishing

Sensei Publishing se compromete a ayudar a las personas de todas las edades a transformarse en mejores versiones de sí mismas proporcionando libros de autodesarrollo de alta calidad y basados en investigaciones con énfasis en la salud mental y meditaciones guiadas. Sensei Publishing ofrece libros electrónicos, audiolibros, libros de bolsillo y cursos en línea bien escritos que simplifican temas complicados pero prácticos en línea con su misión de inspirar a las personas hacia una transformación positiva.

Es un gran día para estar vivo!

Sobre el autor

Creo libros electrónicos y meditaciones guiadas simples y transformadoras para adultos y niños, probadas para ayudar a navegar la incertidumbre, resolver problemas específicos y acercar a las familias.

Soy un ex gerente de proyectos financieros, piloto privado, instructor de jiu-jitsu, músico y ex entrenador de fitness de la Universidad de Toronto. Prefiero un enfoque basado en la ciencia para enfocarme en estas y otras áreas de mi vida para mantenerme humilde y hambriento de evolucionar. Espero que disfrutes mi trabajo y me encantaría escuchar tus comentarios.

- Es un gran día para estar vivo!
Sensei Paul David

Escanea y sigue/me gusta/suscribete: Facebook, Instagram,

YouTube: @senseipublishing

Escanea con la cámara de tu teléfono/iPad para las redes sociales

Visítanos www.senseipublishing.com Y regístrate a nuestro boletín para aprender más sobre nuestros emocionantes libros y para experimentar nuestras Meditaciones Guiadas GRATIS para Niños y Adultos.